SÉVERINE AUGÉ

Fotos von Delphine Amar-Constantini

Bassermann

# INHALT

## Mit Fleisch & Geflügel

Kartoffeln mit Hähnchen und Zitronen  S. 8

Süßkartoffeln mit Hähnchen, Ananas und Kokos  S. 10

Süßkartoffeln mit Chili con Carne  S. 12

Kartoffeln mit Rinderschmorfleisch  S. 14

Süßkartoffeln mit Rindfleisch-Tataki  S. 16

Kartoffeln mit Spiegelei  S. 18

Hasselback-Kartoffeln, Rote Bete und Bündnerfleisch  S. 20

Hasselback-Kartoffeln mit Speck  S. 22

Kartoffeln nach Gärtnerinnenart  S. 24

Kartoffeln mit Käse  S. 26

Süßkartoffeln mit Chorizo, Auberginen und Paprika  S. 28

Kartoffeln orientalische Art  S. 30

Süßkartoffeln mit Lamm und Aubergine  S. 32

Süßkartoffeln indische Art  S. 34

## Mit Fisch & Meeresfrüchten

Süßkartoffeln mit Quinoa und Lachs  S. 36

Kartoffeln mit Lachs und Kresse  S. 38

Kartoffeln norwegische Art  S. 40

Kartoffeln mit Thunfischcreme  S. 42

Süßkartoffeln mit marinierter Dorade  S. 44

Kartoffeln mit Seelachs  S. 46

Kartoffeln mit Spargel und Kabeljau  S. 48

Süßkartoffeln mit Garnelen und Kokos  S. 50

## Vegetarisch

Kartoffeln mit Knoblauchbutter  S. 52

Kartoffeln mit Kürbis und Käse  S. 54

Kartoffeln mit Ricotta, Spinat und Champignons  S. 56

Süßkartoffeln mit Kichererbsen  S. 58

Kartoffeln mit italienischem Spiegelei  S. 60

Süßkartoffeln mit Veggie-Bolognese  S. 62

Kartoffeln südfranzösische Art  S. 64

Kartoffeln mit Morcheln und Käse  S. 66

Süßkartoffeln mit knackiger Zucchini  S. 68

Süßkartoffeln mit Artischocken und Räuchertofu  S. 70

## Gut zu wissen

Vorwort  7

Meine kleine Einkaufsliste  72

Rezeptverzeichnis  75

Impressum  77

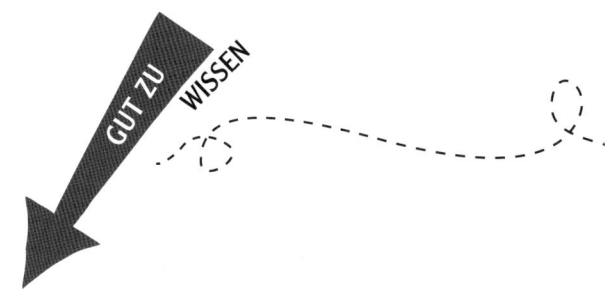

Pommes Frites, Kartoffelpüree, Salzkartoffeln, Bratkartoffeln, Kartoffelauflauf ... Sie glauben, damit wären die Zubereitungsmöglichkeiten der Kartoffel erschöpft? Weit gefehlt – denn eine Sache haben Sie übersehen: die gefüllte Kartoffel! Die wandelbare Knolle ist überaus anpassungsfähig und schmeckt mit jeder anderen Zutat.

Entdecken Sie die ganze verführerische Vielfalt der Kartoffel gefüllt mit saftigem Fleisch, leckerem Ei, zartem Fisch und köstlichem Gemüse.

Wählen Sie eine passende Kartoffelsorte aus und füllen Sie sie mit einer Reihe von Zutaten, die Ihnen schmecken. Ob Fleisch, Fisch, Gemüse, Käse, Gewürze, verschiedene Kräuter – Kartoffeln passen einfach zu allem und es gibt keine Regeln. Einfach die gefüllten Backofenkartoffeln in den Ofen schieben und zu jeder Jahreszeit ein herrlich duftendes, dampfendes Kartoffelgericht genießen. Ihre Gäste werden begeistert sein.

Die Rezepte in diesem Buch zeigen Ihnen, was in der Kartoffel so alles stecken kann.

**Einfach köstlich!**

# KARTOFFELN MIT
## Hähnchen und Zitronen

BRATENSAFT VON HÄHNCHENSCHENKELN

3 gegrillte Hähnchenschenkel

4 Zitronenscheiben

2 Zweige Thymian

8 Kartoffeln, z.B. Sorte Roseval

1 Msp. Safran

SALZ UND PFEFFER

### Das Rezept

**1** Die Kartoffeln waschen und trocken reiben, dann mit einer Gabel rundum einstechen. Den Backofen auf 180 °C Umluft vorheizen und die Kartoffeln darin 1 Stunde backen. Zur Garprobe eine Messerspitze einstechen.

**2** Die Schenkel entbeinen und das Fleisch in kleine Stücke schneiden. Die Thymianblätter von den Zweigen zupfen und hacken. Fleisch, Bratensaft, einen Großteil des Thymians, Safran, Salz und Pfeffer vermischen.

**3** Die Zitronenscheiben in einer Antihaft-Pfanne trocken rösten.

**4** An der Längsseite der Kartoffeln einen Deckel abschneiden und die Kartoffeln aushöhlen. Mit der Hähnchenmischung füllen und mit halbierten Zitronenscheiben und restlichem Thymian garnieren.

GEFÜLLTE KARTOFFELN – 8

FÜR **4** PERSONEN

VORBEREITEN: 15 MIN.
GAREN: 1 STD.

Ein strahlendes Gericht!

# SÜSSKARTOFFELN MIT
## Hähnchen, Ananas und Kokos

**Das Rezept**

**1** Die Süßkartoffeln waschen und trocken reiben, dann mit einer Gabel rundum einstechen. Den Backofen auf 180 °C Umluft vorheizen und die Süßkartoffeln darin 1 Stunde 15 Minuten backen. Zur Garprobe eine Messerspitze einstechen.

**2** Ananas und Hähnchen in Würfel schneiden. Korianderblätter abzupfen. Die Limette halbieren und den Saft einer Hälfte auspressen. Das Sesamöl in einer Pfanne erhitzen und Fleisch, Ananas und Zitronengras darin 3 Minuten braten. Limettensaft zufügen, 1 Minute weiterbraten, dann die Kokosmilch einrühren. Alles 10 Minuten köcheln lassen.

**3** Die Süßkartoffeln längs halbieren und leicht aushöhlen. Mit der Sauce füllen und mit Koriander garnieren. Die andere Limettenhälfte in Spalten schneiden und dazu servieren.

GEFÜLLTE KARTOFFELN – 10

FÜR **4** PERSONEN
VORBEREITEN: 15 MIN.
GAREN: 1 STD. 15 MIN.

- 1 EL Sesamöl
- ½ Ananas
- 1 Limette
- ½ Stängel Zitronengras gehackt
- 8 Hähncheninnenfilets
- 4 Süßkartoffeln
- 400 ml Kokosmilch
- 4 Stängel Koriander
- Salz und Pfeffer

Duftende asiatische Aromen!

# SÜSSKARTOFFELN
## mit Chili con Carne

**1** Die Süßkartoffeln waschen und trocken reiben, dann mit einer Gabel rundum einstechen. Den Backofen auf 180 °C Umluft vorheizen und die Süßkartoffeln darin 1 Stunde 15 Minuten backen. Zur Garprobe eine Messerspitze einstechen.

**2** Karotte und Paprika würfeln und die Korianderblätter abzupfen. Die Bohnen abtropfen. Inzwischen das Öl in einer Pfanne erhitzen und Karotte und Paprika darin 3 Minuten braten. Hackfleisch und Gewürz zufügen und 3 Minuten weitergaren.

**3** Passierte Tomaten, Bohnen und Mais einrühren. Mit Salz und Pfeffer abschmecken und alles 20 Minuten köcheln lassen.

**4** Die Süßkartoffeln längs aufschneiden und leicht aushöhlen. Mit dem Chili füllen. Mit Crème fraîche und Koriander garnieren.

GEFÜLLTE KARTOFFELN – 12

**FÜR 4 PERSONEN**
VORBEREITEN: 15 MIN.
GAREN: 1 STD. 15 MIN.

### Zutaten
- 1 Prise mexikanische Gewürzmischung
- 300 g Rinderhack
- 1 Karotte
- 2 EL Crème fraîche
- 400 ml passierte Tomaten
- 2 Paprikaschoten
- 150 g Kidneybohnen
- 8 Stängel Koriander
- 100 g Maiskörner
- 4 Süßkartoffeln
- Salz und Pfeffer
- 1 EL Olivenöl

Eine neue Version dieses Klassikers!

# KARTOFFELN
## mit Rinderschmorfleisch

- 300 g Rindergulasch
- 500 ml Rotwein
- 1 Karotte
- 2 Lorbeerblätter
- 2 EL Mehl
- 100 g Champignons, klein geschnitten
- 100 g Silberzwiebeln, abgezogen
- 4 große Kartoffeln, z. B. Sorte Bintje
- 150 g gewürfelter Räucherspeck
- 4 Stängel Kerbel, Blätter abgezupft
- 1 EL Olivenöl
- Salz und Pfeffer

## Das Rezept

**1** Die Karotte würfeln. Speck und Karotte in einer Pfanne braten, das Fleisch zugeben und scharf anbraten. Das Mehl einrühren und alles mit Rotwein ablöschen. Die Lorbeerblätter zugeben und alles abgedeckt bei kleiner Hitze 3 Stunden köcheln lassen. Salzen und pfeffern.

**2** Die Kartoffeln waschen und trocken reiben, dann mit einer Gabel rundum einstechen. Den Backofen auf 180 °C Umluft vorheizen und die Kartoffeln darin 1 Stunde backen. Zur Garprobe eine Messerspitze einstechen.

**3** Das Öl in einer Pfanne erhitzen und Zwiebeln und Champignons darin braten.

**4** Die Kartoffeln halbieren und aushöhlen. Mit Schmorfleisch, Champignons und Zwiebeln füllen und mit Kerbel garnieren.

GEFÜLLTE KARTOFFELN – 14

FÜR **4** PERSONEN
VORBEREITEN: 20 MIN.
GAREN: 3 STD.

Ein Rezept für den Winter

*Das Rezept*

**1** Die Süßkartoffeln waschen und trocken reiben, dann mit einer Gabel rundum einstechen. Den Backofen auf 180 °C Umluft vorheizen und die Süßkartoffeln darin 1 Stunde 15 Minuten backen. Zur Garprobe eine Messerspitze einstechen.

**2** Das Öl in einer Pfanne stark erhitzen und das Fleisch darin anbräunen. Salzen, pfeffern und im Sesam wenden.

**3** Die Frühlingszwiebeln hacken und die Karotten in feine Streifen schneiden. In derselben Pfanne Frühlingszwiebeln, Kartotten und Edamame 5 Minuten braten.

**4** Das Fleisch in Scheiben schneiden. Die Süßkartoffeln längs halbieren, leicht aushöhlen und mit Fleisch und Gemüse füllen.

GEFÜLLTE KARTOFFELN – 16

FÜR **4** PERSONEN

**VORBEREITEN: 20 MIN.**
**GAREN: 1 STD. 15 MIN.**

# SÜSSKARTOFFELN
## mit Rindfleisch-Tataki

30 g Sesamsaat

150 g Edamame-Bohnen

2 Frühlingszwiebeln

200 g Rinderfiletspitzen

2 Karotten

1 EL Olivenöl

SALZ UND PFEFFER

4 Süßkartoffeln

Japan in einer Kartoffel!

# KARTOFFELN
## mit Spiegelei

- 4 Scheiben Frühstücksspeck
- 2 ZWEIGE THYMIAN
- 2 EL saure Sahne
- 1 Prise Kreuzkümmelsamen
- 8 Eier
- 4 große Kartoffeln, z. B. Sorte Samba
- 200 G PÜRIERTE KAROTTEN
- SALZ UND PFEFFER

 Das Rezept

**1** Die Kartoffeln waschen und trocken reiben, dann mit einer Gabel rundum einstechen. Den Backofen auf 180 °C Umluft vorheizen und die Kartoffeln darin 1 Stunde 15 Minuten backen. Zur Garprobe eine Messerspitze einstechen.

**2** Thymianblätter von den Zweigen zupfen. An der Längsseite der Kartoffeln einen Deckel abschneiden und die Kartoffeln leicht aushöhlen. Mit Karottenpüree, saurer Sahne und 1 Speckscheibe füllen. Je 1 Ei darüber aufschlagen und mit Salz, Pfeffer, Thymian und Kreuzkümmel würzen.

**3** 15 Minuten im Ofen bei 180 °C backen.

GEFÜLLTE KARTOFFELN – 18

FÜR **4** PERSONEN

VORBEREITEN: 15 MIN.
GAREN: 1 STD. 30 MIN.

Ein originelles Rezept!

# HASSELBACK-
## Kartoffeln, Rote Bete und Bündnerfleisch

**Das Rezept**

1. Den Backofen auf 180 °C vorheizen. Die Kartoffeln waschen und trocken reiben. In regelmäßigen Abständen einschneiden.

2. Die Rote Bete schälen und in feine Scheiben schneiden. Diese in die Einschnitte der Kartoffeln stecken.

3. Die Kartoffeln salzen und pfeffern und mit Öl bestreichen. 1 Stunde im vorgeheizten Ofen weich garen.

4. Die Kerbelblätter abzupfen. 10 Minuten vor Ende der Garzeit die Bündnerfleischscheiben ebenfalls in die Einschnitte stecken. Mit Balsamico beträufeln und mit Kerbel bestreuen.

GEFÜLLTE KARTOFFELN – 20

**FÜR 4 PERSONEN**
VORBEREITEN: 20 MIN.
GAREN: 1 STD.

- 8 Kartoffeln, z. B. Sorte Vitelotte
- 16 Scheiben Bündnerfleisch
- 2 EL Olivenöl
- 2 EL Balsamico-Essig
- Kerbel
- ½ Rote Bete
- Salz und Pfeffer

Ein herbstliches Gericht

# HASSELBACK-
## Kartoffeln mit Speck

8 scheiben Frühstücksspeck

3 ZWEIGE THYMIAN

2 ZWEIGE SALBEI

2 EL Olivenöl

40 g Butter

SALZ UND PFEFFER

8 GROSSE KARTOFFELN, Z. B. SORTE AMANDINE

Das Rezept

**1** Den Backofen auf 180 °C vorheizen. Die Kartoffeln unter fließend kaltem Wasser abbürsten und mit Küchenpapier trocken reiben. In regelmäßigen Abständen einschneiden.

**2** Die Speckscheiben in Streifen schneiden. Die Butter zerlassen. Salbeiblätter und Speckstreifen in die Einschnitte der Kartoffeln stecken.

**3** Thymianblätter von den Zweigen zupfen. Die Kartoffeln mit Salz, Pfeffer und Thymian bestreuen und mit geschmolzener Butter und Öl bestreichen.

**4** 1 Stunde im vorgeheizten Ofen weich garen.

GEFÜLLTE KARTOFFELN – 22

FÜR **4** PERSONEN

VORBEREITEN: 20 MIN.
GAREN: 1 STD.

Perfekte Harmonie von Fleisch und Kräutern!

# KARTOFFELN
## nach Gärtnerinnenart

 **Das Rezept**

**1** Die Kartoffeln waschen und trocken reiben, dann mit einer Gabel rundum einstechen. Den Backofen auf 180 °C Umluft vorheizen und die Kartoffeln darin 1 Stunde 15 Minuten backen. Zur Garprobe eine Messerspitze einstechen.

**2** Den Rosenkohl putzen und die äußeren Blätter ablösen. Die Bohnen 2 Minuten in reichlich Wasser kochen, dann den Rosenkohl zufügen. 1 Minute weiterkochen. Das Gemüse abtropfen und unter fließend kaltem Wasser abspülen.

**3** Die Frühlingszwiebeln hacken, den Speck würfeln. Das Öl in einer Pfanne erhitzen und Zwiebeln und Speck anbraten. Das Gemüse zugeben und 3 Minuten garen.

**4** Die Kartoffeln an der Längsseite halbieren und aushöhlen. Mit der Gemüsemischung füllen und mit gehacktem Kerbel garnieren.

GEFÜLLTE KARTOFFELN – 24

**FÜR 4 PERSONEN**
VORBEREITEN: 15 MIN.
GAREN: 1 STD. 15 MIN.

- 150 g Räucherspeck
- 4 Kartoffeln, z.B. Sorte Samba
- 100 g Rosenkohl
- 4 Stängel Kerbel
- 4 Frühlingszwiebeln
- 200 g geschälte Dicke Bohnen
- Salz und Pfeffer
- + 1 EL Olivenöl

Eine grüne Version!

# KARTOFFELN
## mit Käse

- 4 EL Crème fraîche
- Pfeffer
- Schnittlauchhalme
- ½ Weichkäse (wie z.B. Reblochon)
- 3 Zwiebeln
- 100 g Räucherspeck
- 4 Kartoffeln, z.B. Sorte Samba
- + 1 EL Sonnenblumenöl

### Das Rezept

**1** Die Kartoffeln waschen und trocken reiben, dann mit einer Gabel rundum einstechen. Den Backofen auf 180 °C Umluft vorheizen und die Kartoffeln darin 1 Stunde 15 Minuten backen. Zur Garprobe eine Messerspitze einstechen.

**2** Inzwischen die Zwiebeln abziehen und in Streifen schneiden, den Speck würfeln und den Schnittlauch hacken. Das Öl in einer Pfanne erhitzen und Zwiebeln und Speck darin braten. Pfeffern.

**3** Die Kartoffeln längs halbieren und aushöhlen. Mit Zwiebeln und Speck füllen und die Crème fraîche darübergeben. Den Käse in Scheiben schneiden und darauflegen. Im Ofen überbacken und mit Schnittlauch garniert servieren.

GEFÜLLTE KARTOFFELN – 26

**FÜR 4 PERSONEN**

VORBEREITEN: 15 MIN.
GAREN: 1 STD. 20 MIN.

# SÜSSKARTOFFELN
## mit Chorizo, Auberginen und Paprika

**Das Rezept**

**1** Die Süßkartoffeln waschen und trocken reiben, dann mit einer Gabel rundum einstechen. Den Backofen auf 180 °C Umluft vorheizen und die Süßkartoffeln darin 1 Stunde 15 Minuten backen. Zur Garprobe eine Messerspitze einstechen.

**2** Die Süßkartoffeln längs aufschneiden und leicht aushöhlen. Mit dem Auberginenmus füllen.

**3** Die Chorizo in Scheiben und die Paprika in Streifen schneiden und in der Süßkartoffel anrichten. Mit Basilikum garnieren.

GEFÜLLTE KARTOFFELN – 28

**FÜR 4 PERSONEN**
VORBEREITEN: 10 MIN.
GAREN: 1 STD. 15 MIN.

- 150 g Chorizo
- 300 g Auberginenmus
- 200 G EINGELEGTE PAPRIKA
- 4 Süßkartoffeln
- Basilikum

Mit spanischem Flair ...

# KARTOFFELN
## orientalische Art

- 2 SCHALOTTEN
- 8 Kartoffeln, z.B. Sorte Roseval
- 250 g Lammhackfleisch
- 1 Zitrone
- 8 Stängel Koriander
- 1 Prise Ras el-Hanout
- 150 g Schafskäse
- SALZ UND PFEFFER

## Das Rezept

**1** Die Kartoffeln waschen und trocken reiben, dann mit einer Gabel rundum einstechen. Den Backofen auf 180 °C Umluft vorheizen und die Kartoffeln darin 1 Stunde backen. Zur Garprobe eine Messerspitze einstechen.

**2** Schalotten und Koriander hacken. Den Käse reiben. Die Zitrone halbieren und 1 Zitronenhälfte auspressen. Das Fleisch mit Schalotten, der Hälfte des Korianders, Zitronensaft, Ras el-Hanout, Salz und Pfeffer vermengen.

**3** Die Kartoffeln längs aufschneiden, leicht aushöhlen und mit der Fleischmischung füllen. Mit Käse bestreuen und 15–20 Minuten im Ofen überbacken.

**4** Mit dem restlichen Koriander bestreuen und mit Zitronenspalten servieren.

GEFÜLLTE KARTOFFELN – 30

## FÜR 4 PERSONEN

VORBEREITEN: 15 MIN.
GAREN: 1 STD. 20 MIN.

Ein frischer Genuss!

# SÜSSKARTOFFELN
## mit Lamm und Aubergine

 **Das Rezept**

**1** Die Süßkartoffeln waschen und trocken reiben, dann mit einer Gabel rundum einstechen. Den Backofen auf 180 °C Umluft vorheizen und die Süßkartoffeln darin 1 Stunde 15 Minuten backen. Zur Garprobe eine Messerspitze einstechen.

**2** Das Fleisch in feine Streifen schneiden. Das Öl in einer Pfanne erhitzen und das Fleisch darin braten.

**3** Frühlingszwiebeln hacken, Korianderblätter abzupfen. Die Limette in Scheiben schneiden. Die Süßkartoffeln längs halbieren und leicht aushöhlen. Mit Auberginenmus, Fleisch, Frühlingszwiebeln, Granatapfelkernen und Koriander füllen. Mit Limettenscheiben garnieren.

GEFÜLLTE KARTOFFELN – 32

FÜR **4** PERSONEN

VORBEREITEN: 15 MIN.
GAREN: 1 STD. 15 MIN.

- 300 g Auberginenmus
- 4 Süßkartoffeln
- 3 Frühlingszwiebeln
- Kerne von ½ Granatapfel
- 1 Limette
- 300 g Lammfleisch
- Koriander
- 1 EL Olivenöl

*Ein Gericht in leuchtenden Farben*

# SÜSSKARTOFFELN
## indische Art

- 4 Süßkartoffeln
- 300 g Lammfleisch
- 2 EL Crème fraîche
- 2 TL Sriracha-Sauce
- 8 Stängel Koriander
- 3 EL Röstzwiebeln
- 1 EL Tandoori-Gewürz
- 1 EL Olivenöl

## Das Rezept

1. Die Süßkartoffeln waschen und trocken reiben, dann mit einer Gabel rundum einstechen. Den Backofen auf 180 °C Umluft vorheizen und die Süßkartoffeln darin 1 Stunde 15 Minuten backen. Zur Garprobe eine Messerspitze einstechen.

2. Inzwischen das Fleisch sehr klein schneiden. Das Öl in einer Pfanne erhitzen und Fleisch und Tandoori-Gewürz darin 10 Minuten braten. Koriander und Zwiebeln einrühren und alles beiseitestellen.

3. Die Süßkartoffeln längs halbieren, leicht aushöhlen und mit der Tandoori-Mischung füllen. Mit Sriracha-Sauce beträufeln.

GEFÜLLTE KARTOFFELN – 34

**FÜR 4 PERSONEN**

VORBEREITEN: 15 MIN.
GAREN: 1 STD. 15 MIN.

Probieren Sie *die indische Küche!*

# SÜSSKARTOFFELN
## mit Quinoa und Lachs

**Das Rezept**

**1** Die Süßkartoffeln waschen und trocken reiben, dann mit einer Gabel rundum einstechen. Den Backofen auf 180 °C Umluft vorheizen und die Süßkartoffeln darin 1 Stunde 15 Minuten backen. Zur Garprobe eine Messerspitze einstechen.

**2** Inzwischen die Quinoa nach Packungsanweisung garen, die Avocado in Spalten und den Lachs in Würfel schneiden.

**3** Das Grillgewürz mit Salz, Pfeffer und 1 Esslöffel Öl vermengen und die Lachswürfel darin marinieren.

**4** Das restliche Öl in einer Pfanne erhitzen und die Avocadospalten von beiden Seiten braten.

**5** Die Süßkartoffeln längs aufschneiden, leicht aushöhlen und mit Avocado, mariniertem Lachs und Koriander füllen.

GEFÜLLTE KARTOFFELN – 36

**FÜR 4 PERSONEN**

VORBEREITEN: 15 MIN.
GAREN: 1 STD. 15 MIN.

*2 EL Olivenöl*
*Koriander*
*1 Avocado*
*1 Prise Grillgewürz*
*300 g Lachsfilet ohne Haut*
*4 Süßkartoffeln*
*150 g Quinoa, bunt*
*Salz und Pfeffer*

Lachs und Avocado – immer eine gute Kombi!

# KARTOFFELN
## mit Lachs und Kresse

- 2 EL Olivenöl
- 2 Stängel Brunnenkresse
- 250 g Sahne
- 1 Schalotte
- 250 g Lachsfilet
- 8 Kartoffeln, z.B. Sorte Roseval
- 150 g geschälte Kartoffeln, z.B. Sorte Roseval
- Salz und Pfeffer

## Das Rezept

1. Die Kartoffeln mit Schale waschen und trocken reiben, dann mit einer Gabel rundum einstechen. Den Backofen auf 180 °C Umluft vorheizen und die Kartoffeln darin 1 Stunde backen. Zur Garprobe eine Messerspitze einstechen.

2. Inzwischen die geschälten Kartoffeln würfeln, die Schalotte abziehen und hacken. 1 Esslöffel Öl in einer Pfanne erhitzen und Kartoffeln und Schalotte darin anbräunen. Mit Wasser bedecken, aufkochen und 15 Minuten köcheln lassen.

3. Die Blätter der Brunnenkresse abzupfen, in die Pfanne geben und 10 Minuten mitköcheln. Die Mischung in einen Mixer geben und mit der Sahne pürieren.

4. Das übrige Öl in der Pfanne erhitzen und den Lachs darin braten.

5. Die Kartoffeln längs halbieren, leicht aushöhlen und mit Creme und Lachs füllen.

GEFÜLLTE KARTOFFELN – 38

FÜR **4** PERSONEN

VORBEREITEN: 25 MIN.
GAREN: 1 STD.

*Pfeffrige Brunnenkresse passt gut zu Lachs*

 *Das Rezept*

# KARTOFFELN
## norwegische Art

**1** Die Kartoffeln waschen und trocken reiben, dann mit einer Gabel rundum einstechen. Den Backofen auf 180 °C Umluft vorheizen und die Kartoffeln darin 1 Stunde 15 Minuten backen. Zur Garprobe eine Messerspitze einstechen.

**2** Inzwischen den Dill hacken. Die Zitronenhälfte auspressen und den Saft mit Frischkäse, Pfefferkörnern und dem Großteil des Dills vermischen. Salzen und pfeffern.

**3** Die Kartoffeln längs aufschneiden, leicht aushöhlen und mit Frischkäsecreme füllen. Mit Lachs belegen und mit dem übrigen Dill bestreuen.

GEFÜLLTE KARTOFFELN – 40

**FÜR 4 PERSONEN**
VORBEREITEN: 10 MIN.
GAREN: 1 STD. 15 MIN.

- ½ Zitrone
- 1 TL rosa Pfefferkörner
- 4 Scheiben Räucherlachs
- 4 Stängel Dill
- 4 Kartoffeln, z.B. Sorte Samba
- 300 g Frischkäse
- Salz und Pfeffer

Grüße aus Oslo!

# KARTOFFELN
## mit Thunfischcreme

- 250 g Frischkäse
- ½ EL körniger Senf
- Schnittlauchröllchen
- 150 g Thunfisch in Öl
- 1 Schalotte
- 1 Prise Cayennepfeffer
- 8 Kartoffeln, z.B. Sorte Amandine
- Salz

## Das Rezept

**1** Die Kartoffeln waschen und trocken reiben, dann mit einer Gabel rundum einstechen. Den Backofen auf 180 °C Umluft vorheizen und die Kartoffeln darin 1 Stunde backen. Zur Garprobe eine Messerspitze einstechen.

**2** Die Schalotte abziehen und hacken. Thunfisch, Frischkäse, etwas Schnittlauch, Senf, Schalotte, Cayennepfeffer und Salz vermischen.

**3** An der Längsseite der Kartoffeln einen Deckel abschneiden und die Kartoffeln leicht aushöhlen. Mit der Thunfischcreme füllen und mit restlichem Schnittlauch garnieren.

GEFÜLLTE KARTOFFELN – 42

**FÜR 4 PERSONEN**
VORBEREITEN: 10 MIN.
GAREN: 1 STD.

Wunderbare Häppchen zum Aperitif!

# SÜSSKARTOFFELN
## mit marinierter Dorade

- 2 EL Olivenöl
- 1 Limette
- rote Zwiebelringe
- Kerne von ½ Granatapfel
- 1 Prise Cajun-Gewürzmischung
- 300 g Doradenfilet
- 4 Süßkartoffeln
- Salz und Pfeffer
- 1 Avocado

## Das Rezept

**1** Die Süßkartoffeln waschen und trocken reiben, dann mit einer Gabel rundum einstechen. Den Backofen auf 180 °C Umluft vorheizen und die Süßkartoffeln darin 1 Stunde 15 Minuten backen. Zur Garprobe eine Messerspitze einstechen.

**2** Den Fisch würfeln, die Limette halbieren und auspressen. Die Hälfte des Safts, Öl, Salz und Pfeffer verrühren und den Fisch darin 15 Minuten marinieren.

**3** Die Avocado schälen, entkernen und mit dem übrigen Zitronensaft sowie der Gewürzmischung zerdrücken.

**4** Die Süßkartoffeln längs halbieren, leicht aushöhlen und mit Avocado, Fisch, Zwiebelringen und Granatapfelkernen füllen.

GEFÜLLTE KARTOFFELN – 44

FÜR **4** PERSONEN

**VORBEREITEN:** 20 MIN.
**MARINIEREN:** 15 MIN.
**GAREN:** 1 STD. 15 MIN.

Ein frisches Sommergericht!

# KARTOFFELN
## mit Seelachs

**Das Rezept**

**1** Die Kartoffeln waschen und trocknen, dann mit einer Gabel einstechen. Den Backofen auf 180 °C Umluft vorheizen und die Kartoffeln darin 1 Stunde 15 Minuten backen. Zur Garprobe eine Messerspitze einstechen.

**2** Den Lauch in Scheiben schneiden. Die Hälfte der Butter in einem Topf zerlassen und den Lauch darin dünsten. Wein und Sahne zugießen und abgedeckt 20 Minuten köcheln lassen. Öl in einer Pfanne erhitzen und die Champignons darin anbräunen. Salzen und pfeffern.

**3** Die Limette abreiben, halbieren und auspressen. Fisch, Limettenschale und -saft in eine hitzebeständige Form geben und mit der übrigen Butter 8 Minuten im Ofen garen.

**4** Die Kartoffeln halbieren und leicht aushöhlen. Mit Lauch, Champignons und Fisch füllen und mit gehacktem Kerbel und Zitronenscheiben garnieren.

GEFÜLLTE KARTOFFELN – 46

**FÜR 4 PERSONEN**
VORBEREITEN: 25 MIN.
GAREN: 1 STD. 15 MIN.

- 2 Lauchstangen, nur der weiße Teil
- 150 ml trockener Weißwein
- 300 G SEELACHS, IN WÜRFELN
- 1 Limette
- 4 Kartoffeln, z.B. Sorte Samba
- 150 G CHAMPIGNONS, IN SCHEIBEN
- Kerbel
- 1 Zitrone
- 200 G SAHNE
- 50 g Butter
- + 1 EL Olivenöl
- SALZ UND PFEFFER

Ein Treffen von
Land und Meer

# KARTOFFELN
## mit Spargel und Kabeljau

300 g Kabeljaufilet

SALZ UND PFEFFER

150 g geschälte Kartoffeln, z.B. Sorte Samba

½ ZITRONE

1 Prise Cayennepfeffer

4 Kartoffeln, z.B. Sorte Samba

1 BUND GRÜNER SPARGEL

## Das Rezept

**1** Die Kartoffeln mit Schale waschen und trocken reiben, dann mit einer Gabel rundum einstechen. Den Backofen auf 180 °C Umluft vorheizen und die Kartoffeln darin 1 Stunde 15 Minuten backen. Zur Garprobe eine Messerspitze einstechen.

**2** Einen Topf mit Dämpfeinsatz vorbereiten und den Fisch 5 Minuten darin dämpfen. Die geschälten Kartoffeln würfeln und 15 Minuten kochen.

**3** Die Spargelspitzen abschneiden und 4 Minuten in kochendem Salzwasser garen. Abtropfen lassen und beiseitestellen. Die Stängel putzen und in Stücke schneiden. 8 Minuten in Salzwasser kochen. Dann mit den Kartoffelwürfeln im Mixer pürieren.

**4** Die Kartoffeln halbieren und leicht aushöhlen. Mit Spargelpüree bestreichen und mit Spargelspitzen und Kabeljau belegen. Mit Cayennepfeffer bestreuen und mit den Zitronenscheiben servieren.

GEFÜLLTE KARTOFFELN – 48

## FÜR 4 PERSONEN

VORBEREITEN: 25 MIN.
GAREN: 1 STD. 15 MIN.

# SÜSSKARTOFFELN
## mit Garnelen und Kokos

- 40 g Erdnüsse
- 200 ml Krustentierfond
- 250 g gegarte Garnelen mit Schwanz
- 1 Stängel Zitronengras
- 50 g junge Spinatblätter
- 4 Süßkartoffeln
- 200 ml Kokosmilch
- + 1 EL Sonnenblumenöl

## Das Rezept

**1** Die Süßkartoffeln waschen und trocken reiben, dann mit einer Gabel rundum einstechen. Den Backofen auf 180 °C Umluft vorheizen und die Süßkartoffeln darin 1 Stunde 15 Minuten backen. Zur Garprobe eine Messerspitze einstechen.

**2** Inzwischen das Zitronengras in Ringe schneiden. Das Öl in einer Pfanne erhitzen und das Zitronengras 5 Minuten darin braten. Krustentierfond und Kokosmilch zufügen und 20 Minuten köcheln lassen.

**3** Die Süßkartoffeln längs halbieren, leicht aushöhlen und mit Spinatblättern, Garnelen und Erdnüssen füllen. Mit der Sauce servieren.

GEFÜLLTE KARTOFFELN – 50

## FÜR 4 PERSONEN
VORBEREITEN: 10 MIN.
GAREN: 1 STD. 15 MIN.

Ideal für warme Sommerabende!

# KARTOFFELN
## mit Knoblauchbutter

> Das Rezept

**1** Die Kartoffeln waschen und trocken reiben, dann mit einer Gabel rundum einstechen. Den Backofen auf 180 °C Umluft vorheizen und die Kartoffeln darin 1 Stunde backen. Zur Garprobe eine Messerspitze einstechen.

**2** Inzwischen die Knoblauchknollen in der Mitte durchschneiden und mit der Schnittseite nach oben in eine Auflaufform legen. 50 g Butter darüber verstreichen, mit Salz bestreuen und 30 Minuten backen.

**3** Die Knoblauchzehen herauslösen, zerdrücken und mit der restlichen Butter vermengen. Salzen und pfeffern.

**4** An der Längsseite der Kartoffeln einen Deckel abschneiden und die Kartoffeln aushöhlen. Mit der Knoblauchbutter füllen und mit gehackter Petersilie garnieren.

GEFÜLLTE KARTOFFELN – 52

**FÜR 4 PERSONEN**
VORBEREITEN: 10 MIN.
GAREN: 1 STD. 30 MIN.

grobes Meersalz
200 G WEICHE BUTTER
Petersilie
2 Knollen Knoblauch
8 große Drillinge
SALZ UND PFEFFER

Ein Rezept mit Charakter!

# KARTOFFELN
## mit Kürbis und Käse

250 G HALBFESTER SCHNITTKÄSE (Z.B. MORBIER)

Pfeffer

300 g Kürbispüree

4 Kartoffeln, z.B. Sorte Samba

2 Zweige Rosmarin

## Das Rezept

**1** Die Kartoffeln waschen und trocken reiben, dann mit einer Gabel rundum einstechen. Den Backofen auf 180 °C Umluft vorheizen und die Kartoffeln darin 1 Stunde 15 Minuten backen. Zur Garprobe eine Messerspitze einstechen.

**2** Die Kartoffeln halbieren und leicht aushöhlen. Mit Kürbispüree bestreichen. Den Käse in dicke Scheiben schneiden und darüberlegen. Rosmarin daraufklegen und mit Pfeffer bestreuen.

**3** 5 Minuten unter dem heißen Backofengrill überbacken.

GEFÜLLTE KARTOFFELN – 54

**FÜR 4 PERSONEN**

VORBEREITEN: 10 MIN.
GAREN: 1 STD. 25 MIN.

Eine Sensation für Käseliebhaber!

# KARTOFFELN
## mit Ricotta, Spinat und Champignons

- 2 EL OLIVENÖL
- 100 g junger Spinat
- 200 g Ricotta
- 100 G CHAMPIGNONS
- 8 Kartoffeln, z.B. Sorte Roseval
- 4 Stängel Dill
- SALZ UND PFEFFER

## Das Rezept

**1** Die Kartoffeln waschen und trocken reiben, dann mit einer Gabel rundum einstechen. Den Backofen auf 180 °C Umluft vorheizen und die Kartoffeln darin 1 Stunde backen. Zur Garprobe eine Messerspitze einstechen.

**2** Inzwischen das Öl in einer Pfanne erhitzen und den Spinat darin zusammenfallen lassen, dann herausnehmen und klein schneiden. Den Dill hacken. Ricotta, Spinat, die Hälfte des Dills, Salz und Pfeffer vermischen.

**3** Die Pilze in Scheiben schneiden und in derselbe Pfanne im restlichen Öl braten.

**4** An der Längsseite der Kartoffeln einen Deckel abschneiden und die Kartoffeln aushöhlen. Mit der Ricottamischung füllen und mit Champignons belegen. Mit dem restlichen Dill garnieren.

GEFÜLLTE KARTOFFELN – 56

**FÜR 4 PERSONEN**

VORBEREITEN: 15 MIN.
GAREN: 1 STD.

*Cremiger Ricotta mit Biss.*

# SÜSSKARTOFFELN
## mit Kichererbsen

**Das Rezept**

**1** Die Süßkartoffeln waschen und trocken reiben, dann mit einer Gabel rundum einstechen. Den Backofen auf 180 °C Umluft vorheizen und die Süßkartoffeln darin 1 Stunde 15 Minuten backen. Zur Garprobe eine Messerspitze einstechen.

**2** Die Kichererbsen abtropfen und mit Öl, Paprikapulver und Salz vermengen. 20 Minuten im Ofen rösten. Die Gurke würfeln.

**3** Die Süßkartoffeln längs halbieren, leicht aushöhlen und mit Hummus bestreichen. Die Korianderblätter abzupfen. Die Süßkartoffelhälften mit Kichererbsen und Gurken belegen und mit Koriander bestreuen.

GEFÜLLTE KARTOFFELN – 58

**FÜR 4 PERSONEN**

**VORBEREITEN: 5 MIN.**
**GAREN: 1 STD. 35 MIN.**

- 1 EL Olivenöl
- ¼ Gurke
- 400 g Hummus
- 8 Stängel Koriander
- 150 g Kichererbsen
- 4 Süßkartoffeln
- 1 Prise geräuchertes Paprikapulver
- Salz

*Ein schönes Sommerrezept!*

# KARTOFFELN
## mit italienischem Spiegelei

4 EL Pesto

200 g Ricotta

SALZ UND PFEFFER

1 Handvoll Pinienkerne

8 Eier

8 Kartoffeln, z. B. Sorte Amandine

1 Prise Cayennepfeffer

### Das Rezept

**1** Die Kartoffeln waschen und trocken reiben, dann mit einer Gabel rundum einstechen. Den Backofen auf 180 °C Umluft vorheizen und die Kartoffeln darin 1 Stunde backen. Zur Garprobe eine Messerspitze einstechen.

**2** An der Längsseite der Kartoffeln einen Deckel abschneiden und die Kartoffeln aushöhlen. Mit Ricotta und Pesto bestreichen. Auf jede Kartoffel ein Ei aufschlagen und mit Salz und Pfeffer würzen. 5 Minuten im Ofen backen.

**3** Die Pinienkerne in einer trockenen Pfanne rösten und zusammen mit Cayennepfeffer über die Eier streuen.

GEFÜLLTE KARTOFFELN – 60

FÜR **4** PERSONEN

VORBEREITEN: 10 MIN.
GAREN: 1 STD. 5 MIN.

Hier zeigt Pesto seine Vielseitigkeit!

# SÜSSKARTOFFELN mit Veggie-Bolognese

## Das Rezept

**1** Die Süßkartoffeln waschen und trocken reiben, dann mit einer Gabel rundum einstechen. Den Backofen auf 180 °C Umluft vorheizen und die Süßkartoffeln darin 1 Stunde 15 Minuten backen. Zur Garprobe eine Messerspitze einstechen.

**2** Inzwischen Zwiebel und Knoblauch abziehen und hacken. Das Öl in einer Pfanne erhitzen und Zwiebel und Knoblauch darin anbraten. Linsen, Lorbeer und 200 ml Wasser zufügen. 20 Minuten köcheln lassen, dann die passierten Tomaten einrühren. Mit Salz und Pfeffer abschmecken und 30 Minuten einkochen.

**3** Die Süßkartoffeln längs aufschneiden, leicht aushöhlen und mit der Bolognese füllen. Mit Käse belegen und unter dem Backofengrill überbacken. Mit Basilikum bestreut servieren.

GEFÜLLTE KARTOFFELN – 62

**FÜR 4 PERSONEN**
VORBEREITEN: 15 MIN.
GAREN: 1 STD. 25 MIN.

### Zutaten
- 150 g Scamorza oder Mozzarella
- ¼ Zwiebel
- 150 g grüne Linsen
- 200 ml passierte Tomaten
- 1 Knoblauchzehe
- Basilikumblätter
- 2 Lorbeerblätter
- 2 EL Olivenöl
- 4 Süßkartoffeln
- Salz und Pfeffer

*Bolognese geht auch ohne Fleisch!*

# KARTOFFELN
## südfranzösische Art

- 1 SCHUSS OLIVENÖL
- 200 g schwarze Olivenpaste
- 150 G MOZZARELLA
- 1 Handvoll Rucola
- 200 g Cocktailtomaten
- 100 g eingelegte Paprikaschoten
- 8 Kartoffeln, z.B. Sorte Roseval

## Das Rezept

**1** Die Kartoffeln waschen und trocken reiben, dann mit einer Gabel rundum einstechen. Den Backofen auf 180 °C Umluft vorheizen und die Kartoffeln darin 1 Stunde backen. Zur Garprobe eine Messerspitze einstechen.

**2** Inzwischen die Tomaten vierteln, den Mozzarella in Scheiben und die Paprika in Stücke schneiden.

**3** Die Kartoffeln längs halbieren, leicht aushöhlen und mit der Olivenpaste bestreichen. Mit Tomaten, Paprika, Mozzarella und Rucola belegen und mit einem Spritzer Olivenöl anrichten.

GEFÜLLTE KARTOFFELN – 64

FÜR **4** PERSONEN

VORBEREITEN: 10 MIN.
GAREN: 1 STD.

*Der Geschmack der französischen Riviera!*

# KARTOFFELN mit Morcheln und Käse

## Das Rezept

**1** Die Kartoffeln waschen und trocken reiben, dann mit einer Gabel rundum einstechen. Den Backofen auf 180 °C Umluft vorheizen und die Kartoffeln darin 1 Stunde 15 Minuten backen. Zur Garprobe eine Messerspitze einstechen.

**2** Die Milch in einem Topf zum Kochen bringen, vom Herd nehmen und die Morcheln darin 1 Stunde einweichen.

**3** Stärke und Sahne verrühren. In die Morchel-Milch gießen und die Sauce 15 Minuten einkochen. Salzen und pfeffern. Den Käse in Scheiben schneiden.

**4** Die Kartoffeln längs halbieren und aushöhlen. Mit Morchelsauce füllen, mit Käse belegen und mit Thymian bestreuen. 5 Minuten unter dem Backofengrill überbacken.

GEFÜLLTE KARTOFFELN – 66

## FÜR 4 PERSONEN

VORBEREITEN: 15 MIN.
EINWEICHEN: 1 STD.
GAREN: 1 STD. 20 MIN.

### Zutaten

- 1 Handvoll getrocknete Morcheln
- 2 EL Speisestärke
- Salz und Pfeffer
- 250 ml Milch
- Thymian
- ½ Ofenkäse
- 4 Kartoffeln, z. B. Sorte Samba
- 150 g Sahne

# SÜSSKARTOFFELN
## mit knackiger Zucchini

3 EL OLIVENÖL

100 g Pecorino

2 Zucchini

200 g Pesto rosso

1 PRISE GROBES MEERSALZ

4 Süßkartoffeln

## Das Rezept

**1** Die Süßkartoffeln waschen und trocken reiben, dann mit einer Gabel rundum einstechen. Den Backofen auf 180 °C Umluft vorheizen und die Süßkartoffeln darin 1 Stunde 15 Minuten backen. Zur Garprobe eine Messerspitze einstechen.

**2** Olivenöl mit Salz vermischen. Die Zucchini mit einem Sparschäler längs in Streifen schneiden und im Olivenöl ½ Stunde marinieren.

**3** Die Süßkartoffeln längs halbieren, leicht aushöhlen und mit Pesto rosso bestreichen. Die Zucchini darauf anrichten und mit Käse bestreuen.

GEFÜLLTE KARTOFFELN – 68

## FÜR 4 PERSONEN

**VORBEREITEN: 10 MIN.**
**MARINIEREN: 30 MIN.**
**GAREN: 1 STD. 15 MIN.**

Probieren Sie Pesto rosso!

# SÜSSKARTOFFELN
## mit Artischocken und Räuchertofu

**Das Rezept**

**1** Die Süßkartoffeln waschen und trocken reiben, dann mit einer Gabel rundum einstechen. Den Backofen auf 180 °C Umluft vorheizen und die Süßkartoffeln darin 1 Stunde 15 Minuten backen. Zur Garprobe eine Messerspitze einstechen.

**2** Inzwischen Öl in einer Pfanne erhitzen und den Tofu darin rundum braten.

**3** Die Süßkartoffeln längs halbieren, leicht aushöhlen und mit Artischockencreme bestreichen. Die Oreganoblätter abzupfen. Artischockenherzen, Tofu, geriebene Nüsse und Oregano über die Süßkartoffelhälften geben. Ganze Haselnüsse leicht zerhacken und darauf anrichten.

### Zutaten

- 150 g Artischockenherzen in Öl
- 50 g geriebene Haselnüsse + einige ganze
- 200 g Räuchertofu
- 4 violette Süßkartoffeln
- 300 g Artischockencreme
- frischer Oregano
- + 1 EL Olivenöl

GEFÜLLTE KARTOFFELN – 70

FÜR 4 PERSONEN
VORBEREITEN: 10 MIN.
GAREN: 1 STD. 15 MIN.

Violette Süßkartoffeln sorgen für den WOW-Effekt!

# MEINE KLEINE Einkaufsliste

### S. 8
**Kartoffeln mit Hähnchen und Zitronen**

Bratensaft von Hähnchenschenkeln
3 gegrillte Hähnchenschenkel
4 Zitronenscheiben
8 Kartoffel Sorte Roseval
1 Msp. Safran
2 Zweige Thymian

### S. 10
**Süßkartoffeln mit Hähnchen, Ananas und Kokos**

1 EL Sesamöl
½ Ananas
1 Limette
½ Stängel Zitronengras, gehackt
4 Süßkartoffeln
400 ml Kokosmilch
8 Hähncheninnenfilets
4 Stängel Koriander

### S. 12
**Süßkartoffeln mit Chili con Carne**

1 Prise mexikanische Gewürzmischung
1 Karotte
2 EL Crème fraiche
300 g Rinderhack
400 ml passierte Tomaten
2 Paprikaschoten
150 g Kidneybohnen
100 g Maiskörner
8 Stängel Koriander
4 Süßkartoffeln

### S. 14
**Kartoffeln mit Rinderschmorfleisch**

300 g Rindergulasch
1 Karotte
500 ml Rotwein
2 Lorbeerblätter
2 EL Mehl
100 g Silberzwiebeln, abgezogen
100 g Champignons
4 große Kartoffeln Sorte Bintje
150 g gewürfelter Räucherspeck
4 Stängel Kerbel, Blätter abgezupft

### S. 16
**Süßkartoffeln mit Rindfleisch-Tataki**

30 g Sesamsaat
150 g Edamame-Bohnen
2 Frühlingszwiebeln
200 g Rinderfiletspitzen
2 Karotten
1 EL Olivenöl
4 Süßkartoffeln

### S. 18
**Kartoffeln mit Spiegelei**

4 Scheiben Frühstücksspeck
2 Zweige Thymian
1 Prise Kreuzkümmelsamen
8 Eier
2 EL saure Sahne
200 g pürierte Karotten
4 große Kartoffeln Sorte Samba

### S. 20
**Hasselback-Kartoffeln, Rote Bete und Bündnerfleisch**

8 Kartoffeln Sorte Vitelotte
16 Scheiben Bündnerfleisch
2 EL Olivenöl
2 EL Balsamicoessig
Kerbel
½ Rote Bete Sorte Chioggia

### S. 22
**Hasselback-Kartoffeln mit Speck**

8 Scheiben Frühstücksspeck
2 Zweige Salbei
3 Zweige Thymian
2 EL Olivenöl
40 g Butter
8 große Kartoffeln Sorte Amandine

### S. 24
**Kartoffeln nach Gärtnerinnenart**

150 g Räucherspeck
4 Kartoffeln Sorte Samba
100 g Rosenkohl
200 g geschälte Dicke Bohnen
4 Frühlingszwiebeln
4 Stängel Kerbel

### S. 26
**Kartoffeln mit Käse**

1 EL Crème fraiche
Pfeffer
3 Zwiebeln
½ Weichkäse (wie z.B. Reblochon)
Schnittlauchhalme
100 g Räucherspeck

4 Kartoffeln Sorte Samba
1 EL Sonnenblumenöl

## S. 28
### Süßkartoffeln mit Chorizo, Auberginen und Paprika
150 g Chorizo
300 g Auberginenmus
200 g eingelegte Paprika
4 Süßkartoffeln
Basilikum

## S. 30
### Kartoffeln orientalische Art
2 Schalotten
8 Kartoffeln Sorte Roseval
250 g Lammhackfleisch
8 Stängel Koriander
1 Zitrone
1 Prise Ras el-Hanout
150 g Schafskäse

## S. 32
### Süßkartoffeln mit Lamm und Aubergine
300 g Auberginenmus
4 Süßkartoffeln
3 Frühlingszwiebeln
1 Limette
Kerne von ½ Granatapfel
Koriander
300 g Lammfleisch
Koriander

## S. 34
### Süßkartoffeln indische Art
4 Süßkartoffeln
300 g Lammfleisch
2 EL Crème fraîche
2 TL Sriracha-Sauce
8 Stängel Koriander
3 EL Röstzwiebeln
1 EL Tandoori-Gewürz

## S. 36
### Süßkartoffeln mit Quinoa und Lachs
Koriander
1 Avocado
2 EL Olivenöl
300 g Lachsfilet ohne Haut
1 Prise Grillgewürz
4 Süßkartoffeln
150 g Quinoa bunt

## S. 38
### Kartoffeln mit Lachs und Kresse
2 EL Olivenöl
2 Stängel Brunnenkresse
250 g Lachsfilet
1 Schalotte
250 g Sahne
8 Kartoffeln Sorte Roseval
150 geschälte Kartoffeln Sorte Roseval

## S. 40
### Kartoffeln norwegische Art
½ Zitrone
1 TL rosa Pfefferkörner
4 Scheiben Räucherlachs
4 Stängel Dill
300 g Frischkäse
4 Kartoffeln Sorte Samba

## S. 42
### Kartoffeln mit Thunfischcreme
½ EL körniger Senf
250 g Frischkäse
Schnittlauchröllchen
1 Schalotte
150 g Thunfisch in Öl
1 Prise Cayennepfeffer
8 Kartoffeln Sorte Amandine

## S. 44
### Süßkartoffeln mit marinierter Dorade
2 EL Olivenöl
1 Limette
rote Zwiebelringe
Kerne von ½ Granatapfel
1 Prise Cajun-Gewürzmischung
300 g Doradenfilet
4 Süßkartoffeln
1 Avocado

## S. 46
### Kartoffeln mit Seelachs
2 Lauchstangen, nur der weiße Teil
150 ml trockener Weißwein
1 Limette
300 g Seelachs, in Würfeln
150 g Champignons, in Scheiben
Kerbel
4 Karoffeln Sorte Samba
200 g Sahne
50 g Butter
1 Zitrone

## S. 48
### Kartoffeln mit Spargel und Kabeljau
300 g Kabeljaufilet
150 g geschälte Kartoffeln Sorte Samba
½ Zitrone
1 Bund grüner Spargel
1 Prise Cayennepfeffer
4 Kartoffeln Sorte Samba

## S. 50
### Süßkartoffeln mit Garnelen und Kokos
40 g Erdnüsse
200 ml Krustentierfond
250 g gegarte Garnelen mit Schwanz
1 Stängel Zitronengras
4 weiße Süßkartoffeln
50 g junge Spinatblätter
200 ml Kokosmilch

### S. 52
**Kartoffeln mit Knoblauchbutter**
grobes Meersalz
200 g weiche Butter
2 Knollen Knoblauch
Petersilie
8 große Drillinge

### S. 54
**Kartoffeln mit Kürbis und Käse**
250 g halbfester Schnittkäse
  (z. B. Morbier)
Pfeffer
300 g Kürbispüree
4 Kartoffeln Sorte Samba
2 Zweige Rosmarin

### S. 56
**Kartoffeln mit Ricotta, Spinat und Champignons**
2 EL Olivenöl
100 g junger Spinat
200 g Ricotta
100 g Champignons
4 Stängel Dill
8 Kartoffeln Sorte Roseval

### S. 58
**Süßkartoffeln mit Kichererbsen**
1 EL Olivenöl
¼ Gurke
150 g Kichererbsen
400 g Hummus
8 Stängel Koriander
4 Süßkartoffeln
1 Prise geräuchertes Paprikapulver

### S. 60
**Kartoffeln mit italienischem Spiegelei**
4 EL Pesto
200 g Ricotta
1 Handvoll Pinienkerne
8 Eier
1 Prise Cayennepfeffer
8 Kartoffeln Sorte Amandine

### S. 62
**Süßkartoffeln mit Veggie-Bolognese**
¼ Zwiebel
150 g Scamorza oder Mozzarella
150 g grüne Linsen
200 ml passierte Tomaten
1 Knoblauchzehe
Basilikumblätter
2 Lorbeerblätter
4 Süßkartoffeln
2 EL Olivenöl

### S. 64
**Kartoffeln südfranzösische Art**
1 Schuss Olivenöl
200 g schwarze Olivenpaste
150 g Mozzarella
200 g Cocktailtomaten
1 Handvoll Rucola
8 Kartoffeln Sorte Roseval
100 g eingelegte Paprikaschoten

### S. 66
**Kartoffeln mit Morcheln und Käse**
1 Handvoll getrocknete Morcheln
2 EL Speisestärke
Thymian
250 ml Milch
½ Ofenkäse
4 Kartoffeln Sorte Samba
150 g Sahne

### S. 68
**Süßkartoffeln mit knackiger Zucchini**
3 EL Olivenöl
100 g Pecorino-Käse
2 Zucchini
200 g Pesto rosso
1 Prise grobes Meersalz
4 Süßkartoffeln

### S. 70
**Süßkartoffeln mit Artischocken und Räuchertofu**
150 g Artischockenherzen in Öl
50 g geriebene Haselnüsse + einige ganze
4 violette Süßkartoffeln
200 g Räuchertofu
300 g Artischockencreme
frischer Oregano

– Grammangaben beziehen sich auf geputzte Ware

– Zu allen Gerichten benötigen Sie abhängig vom Rezept noch Öl, Salz und Pfeffer

## Rezeptverzeichnis

# REZEPTE MIT KARTOFFELN

Hasselback-Kartoffeln Rote Bete und Bündnerfleisch ...... 20
Hasselback-Kartoffeln mit Speck ................................. 22
Kartoffeln nach Gärtnerinnenart .................................. 24
Kartoffeln mit Hähnchen und Zitronen .......................... 8
Kartoffeln mit italienischem Spiegelei .......................... 60
Kartoffeln mit Käse ................................................... 26
Kartoffeln mit Knoblauchbutter ................................... 52
Kartoffeln mit Kürbis und Käse .................................... 54
Kartoffeln mit Lachs und Kresse .................................. 38
Kartoffeln mit Morcheln und Käse ................................ 66
Kartoffeln norwegische Art ......................................... 40
Kartoffeln orientalische Art ......................................... 30
Kartoffeln mit Ricotta, Spinat und Champignons ............ 56
Kartoffeln mit Rinderschmorfleisch .............................. 14
Kartoffeln mit Seelachs .............................................. 46
Kartoffeln mit Spargel und Kabeljau ............................. 48
Kartoffeln mit Spiegelei .............................................. 18
Kartoffeln südfranzösische Art .................................... 64
Kartoffeln mit Thunfischcreme .................................... 42

# REZEPTE MIT SÜSSKARTOFFELN

Süßkartoffeln mit Artischocken und Räuchertofu ............ 70
Süßkartoffeln mit Chili con Carne ................................. 12
Süßkartoffeln mit Chorizo, Auberginen und Paprika ........ 28
Süßkartoffeln mit marinierter Dorade ........................... 44
Süßkartoffeln mit Garnelen und Kokos ......................... 50
Süßkartoffeln mit Hähnchen, Ananas und Kokos ............ 10
Süßkartoffeln indische Art .......................................... 34
Süßkartoffeln mit Kichererbsen ................................... 58
Süßkartoffeln mit Lamm und Aubergine ....................... 32
Süßkartoffeln mit Quinoa und Lachs ............................. 36
Süßkartoffeln mit Rindfleisch-Tataki ............................. 16
Süßkartoffeln mit Veggie-Bolognese ............................. 62
Süßkartoffeln mit knackiger Zucchini ............................ 68

ISBN 978-3-8094-4309-4

1. Auflage

© 2020 by Bassermann Verlag, einem Unternehmen der Verlagsgruppe Random House GmbH, Neumarkter Straße 28, 81673 München
© der Originalausgabe Larousse, 2019
Originaltitel: Grosse Patate Farcie!, aus der Reihe: Tout dans 1 plat

Die Verwertung der Texte und Bilder, auch auszugsweise, ist ohne Zustimmung des Verlags urheberrechtswidrig und strafbar. Dies gilt auch für Vervielfältigungen, Übersetzungen, Mikroverfilmung und für die Verarbeitung mit elektronischen Systemen.

Für die deutsche Ausgabe
**Umschlaggestaltung:** Atelier Versen, Bad Aibling
**Herstellung:** Elke Cramer
**Projektleitung:** Anja Halveland

Für die französische Originalausgabe
**Direction de la publication:** Isabelle Jeuge-Maynart et Ghislaine Stora
**Direction éditoriale:** Émilie Franc
**Édition:** Maud Rogers
**Conception graphique:** Émilie Laudrin
**Mise en page:** Lucile Jouret
**Couverture:** Florine Crépin
**Fabrication:** Émilie Latour

Die Ratschläge in diesem Buch sind von der Autorin und vom Verlag sorgfältig erwogen und geprüft, dennoch kann eine Garantie nicht übernommen werden. Eine Haftung der Autorin bzw. des Verlags und seiner Beauftragten für Personen-, Sach- und Vermögensschäden ist ausgeschlossen.

Sollte diese Publikation Links auf Webseiten Dritter enthalten, so übernehmen wir für deren Inhalte keine Haftung, da wir uns diese nicht zu eigen machen, sondern lediglich auf deren Stand zum Zeitpunkt der Erstveröffentlichung verweisen.

**Realisierung der deutschen Ausgabe:** trans texas publishing services GmbH, Köln
**Übersetzung:** Antje Seidel, Köln

**Druck & Verarbeitung:** Těšínská tiskárna, Český Těšín

Printed in the Czech Republic

Verlagsgruppe Random House FSC® N001967